LE DOCTEUR

PAUL ARONSSOHN

ANCIEN PROFESSEUR AGRÉGÉ A LA FACULTÉ DE MÉDECINE
DE STRASBOURG

CHEVALIER DE LA LÉGION D'HONNEUR

PAROLES PRONONCÉES SUR SA TOMBE

Le 30 mai 1887

PAR M. LE Dr STRAUS

MÉDECIN DES HOPITAUX DE PARIS

PARIS

1887

Ce 30 mai 1887.

Au nom des anciens élèves de la Faculté de médecine de Strasbourg, au nom des élèves de Paul Aronssohn, je viens adresser à notre maître et à notre ami un dernier adieu.

Au bord de cette tombe, prématurément ouverte, de chers et douloureux souvenirs s'éveillent dans notre esprit ; ils évoquent le passé tout entier de notre École de Strasbourg, avec ses traditions si pures et si belles, ses aspirations constantes vers le progrès et la rénovation scientifiques, aspirations, hélas ! si cruellement et si irrévocablement éteintes.

La vie médicale s'ouvrit large, toute tracée et pleine de promesses pour Aronssohn. Il était fils d'un éminent agrégé de la Faculté, homme de bien et de grand talent, le médecin le plus expérimenté, le plus consulté et le plus aimé, non seulement de Strasbourg, mais de l'Alsace entière où, aujourd'hui encore, plus d'un quart de siècle après sa mort, son nom est demeuré populaire et vénéré. C'est à pareille école que Paul Aronssohn apprit de bonne heure à connaitre, à aimer et à respecter cette profession médicale, qui devait se transmettre dans sa famille comme un noble héritage.

Les premières études d'Aronssohn furent très soignées; comme interne des hôpitaux de Strasbourg, il reçut cette forte éducation clinique qui était la marque distinctive de notre vieille École.

Sa thèse inaugurale sur *les Corps étrangers des voies respiratoires* révèle déjà toutes les qualités de son esprit; c'est un travail complet, où l'érudition la plus sûre n'exclut pas la recherche personnelle : monographie qui restera et que l'on consultera toujours avec fruit.

Ses études terminées, Aronssohn, se conformant à des traditions précieusement entretenues à Strasbourg, eut soin d'étendre son horizon scientifique par des séjours dans les principales villes de France et de l'étranger : il étudia successivement à Paris, à Vienne, à Wurzbourg et à Berlin. Dans ces deux dernières villes, il suivit surtout l'enseignement de l'anatomie pathologique de Virchow qui le distingua d'une façon toute particulière, dont il devint le disciple et l'ami, et dont il devait plus tard nous traduire l'œuvre principale.

Revenu dans sa ville natale, Aronssohn était préparé pour affronter les épreuves de l'agrégation en médecine. Il sortit victorieux de ce concours mémorable dans les annales de la Faculté de Strasbourg : parmi les compétiteurs était M. Villemin, que devait illustrer plus tard la découverte de l'inoculabilité de la tuberculose.

Bientôt Aronssohn prit une part active à l'enseignement de la Faculté, comme suppléant dans la chaire de clinique médicale, il y eut le plus grand succès : les élèves qui se pressaient à ses leçons appréciaient la sûreté de son diagnostic, la netteté et la simplicité de son exposition et sa connaissance approfondie de l'anatomie pathologique.

A cette époque il fut nommé, au concours, médecin adjoint des hôpitaux de Strasbourg, situation très recherchée, tout à fait comparable au titre de médecin des hôpitaux de Paris. En même temps, il entreprenait la traduction du grand *Traité des tumeurs* de Virchow, vaste encyclopédie anatomo-pathologique : c'était une tâche laborieuse dont il s'acquitta avec autant de fidélité que d'élégance.

Il était ainsi en plein travail, amassant des matériaux pour des œuvres personnelles et originales quand éclata la guerre de 1870. Strasbourg fut investi et bombardé : Aronssohn fit son devoir de médecin d'hôpital et de la ville, stoïquement et héroïquement. Après la reddition, il se mit spontanément à la disposition du Gouvernement de la Défense nationale, et le 24 décembre 1870, il était commissionné à titre auxiliaire médecin-major à l'hôpital militaire de Montpellier.

Puis vint l'inexorable annexion. La Faculté allemande eût été jalouse de s'attacher le nom si populaire dans le pays d'un médecin également versé dans la science française et allemande. Mais Aronssohn avait pris son parti : il quitta tout, son hôpital, cette Faculté où l'attendait la dignité suprême, le professorat, cette ville où il était aimé et la chère maison paternelle. Nancy lui parut sans doute trop proche encore de la récente et cruelle frontière ; il vint à Paris : sa carrière universitaire était volontairement et irrévocablement brisée.....

Mais Aronssohn avait l'âme trop haute pour se laisser abattre : son activité s'exerça dans une direction nouvelle, moins brillante sans doute, mais efficace encore et bienfaisante. Il s'adonna à la médecine pratique avec le même dévouement, la même science, le même désintéressement que son père. Et ce fut une douce consolation pour un grand nombre de nos compatriotes, réfugiés comme lui dans ce grand Paris, de le savoir là, au milieu de nous, toujours prêt à faire œuvre de médecin et d'ami.

Il ne perdait de vue aucun de ses anciens élèves, il les suivait avec sollicitude, leur prodiguant ses conseils avec son grand bon sens et sa profonde connaissance des hommes et des choses. Il se réjouissait de leurs succès ; il savait aussi, don plus rare, relever le courage de ceux qui étaient blessés dans la lutte, par un de ces mots dont il avait le secret, mots qui partent du cœur et qui vont au cœur !

Tel fut le médecin vraiment digne de ce nom, le professeur aimé, l'homme bon, droit et loyal dout nous déplorons la perte prématurée.

Repose en paix, cher maitre et ami ; la vie a été pour toi courte et peu clémente mais pleinement et noblement remplie ; ton souvenir sera précieusement gardé et ne périra pas.

Nancy, imprimerie Berger-Levrault et Cⁱᵉ.

www.ingramcontent.com/pod-product-compliance
Lightning Source LLC
LaVergne TN
LVHW010914180726
843502LV00010B/4111